LIBERTAD DEL DESAMPARO

Swami Dayananda Saraswati
Arsha Vidya

Fundación Arsha Vidya
Buenos Aires, Argentina

Saraswati, Swami Dayananda
   Libertad del desamparo / Swami Dayananda Saraswati. - 1a ed . -
Buenos Aires : Fundación Arsha Vidya, 2017.
   62 p. ; 21 x 15 cm. - (Momentos con uno mismo ; 2)

   Traducción de: Federico Oliveri.
   ISBN 978-987-29424-4-1

   1. Filosofía Oriental. 2. Hinduísmo. 3. Espiritualidad Oriental. I. Oliveri, Federico, trad. II. Título.
   CDD 180

Información sobre derechos de autor:
Libro original: 'Freedom from Helplessness'
Idioma: inglés
© Arsha Vidya Research and Publication Trust, Chennai, India.

Arsha Vidya Research and Publication Trust, Chennai, India es propie-
tario de los derechos de autor de la obra original "Freedom from Helplessness" en inglés de Swami Dayananda Saraswati, y ha brindado su
permiso para la traducción y publicación de la presente obra.

Publicación en español de la
Fundación Arsha Vidya
J. Salguero 2225, piso 3
1425 Buenos Aires
ARGENTINA
Teléfono: +5411 4826 5767
E-mail: fundacionarshavidya@gmail.com
http://www.fundacionarshavidya.org.ar

1ª edición en español: Abril 2017. Copias: 100

Diseño gráfico y maquetación: Federico Oliveri

Índice

<u>C</u>LAVE PARA LA TRANSLITERACIÓN Y PRONUNCIACIÓN
DE LAS LETRAS DEL SÁNSCRITO

Como el idioma sánscrito es muy fonético, la exactitud en la articulación de las letras es importante. Para aquellos no familiarizados con los caracteres *devanāgari*, la transliteración internacional es una guía para la pronunciación adecuada de las letras del sánscrito.

अ	*a*	(c*a*sa)		ट	*ṭa*	(tar*ṭa*)*3
आ	*ā*	(c*a*sa)		ठ	*ṭha*	aspirado*3
इ	*i*	(pat*i*o)		ड	*ḍa*	(*ḍ*ar)*3
ई	*ī*	(r*í*o)		ढ	*ḍha*	aspirado*3
उ	*u*	(s*u*po)		ण	*ṇa*	(ro*ṇ*ronear)*3
ऊ	*ū*	(men*ú*)		त	*ta*	(cin*ṭ*a)*4
ऋ	*ṛ*	(cént*ṛ*ico)		थ	*tha*	aspirado*4
ॠ	*ṝ*	(co*ṝ*iente)		द	*da*	(an*ḍ*a)*4
ॡ	*ḷ*	(a*ḷ*rededor)*		ध	*dha*	aspirado*4
ए	*e*	(m*e*sa)		न	*na*	(*n*ada) 4
ऐ	*ai*	(c*ai*ga)		प	*pa*	(pa*p*a) 5
ओ	*o*	(l*o*bo)		फ	*pha*	aspirado*5
औ	*au*	(*au*n)		ब	*ba*	(em*b*alar) 5
क	*ka*	(va*c*a) 1		भ	*bha*	aspirado*5
ख	*kha*	(*k*iosco)*1		म	*ma*	(*m*amá) 5
ग	*ga*	(tortu*g*a) 1		य	*ya*	(h*i*ato)
घ	*gha*	aspirado*1		र	*ra*	(pe*r*a)
ङ	*ṅa*	(ta*n*go) 1		ल	*la*	(fi*l*a)
च	*ca*	(fe*c*ha) 2		व	*va*	(*W*alter)*
छ	*cha*	(*c*hao)*2		श	*śa*	(¡s*sh*hh!)*
ज	*ja*	(ad*y*acente)*2		ष	*ṣa*	(¡s*sh*hh!)*3
झ	*jha*	aspirado*2		स	*sa*	(ta*s*a)
ञ	*ña*	(pi*ñ*a) 2		ह	*ha*	(hi*j*a)

ं	*ṁ*	*anusvāra*	(nasalización de la vocal anterior)
ः	*ḥ*	*visarga*	(aspiración de la vocal anterior)

* No hay equivalentes exactos en español para estas letras. Un "aspirado" se pronuncia como la consonante anterior aspirada.

1.	Gutural	–	Se pronuncia desde la garganta.
2.	Palatal	–	Se pronuncia desde el paladar.
3.	Lingual	–	La lengua se curva hacia el cerebro.
4.	Dental	–	Se pronuncia desde los dientes.
5.	Labial	–	Se pronuncia desde los labios.

La 5ta letra de cada una de las categorías de arriba se llama "nasal" y se pronuncia nasalmente.

PRIMERA CHARLA

LA IMPOTENCIA SURGE DE SER CRÍTICO

Hay una línea definida que separa a la sociedad moderna de la antigua. En general, encuentro que la vida siempre es moderna. Patañjali, quien escribió el *Mahābhāṣya*[1], declara en su introducción[2] que los modernistas no seguían el viejo estilo para aprender la fonética. Cuando leí esto, sentí que una época que hoy consideramos antigua, era moderna para Patañjali. Hoy ocurre lo mismo. Cuando una persona de edad habla contigo, él o ella siempre dice: "Mi tiempo fue maravilloso". Cuando yo estaba en la escuela, la gente mayor del pueblo solía decir: "Nuestros días de escuela fueron definitivamente mejores, no como son ahora". Hoy día, veo gente de mi edad diciendo a los estudiantes modernos, "¡Oh! Todo se ha degenerado. Los estudiantes de hoy se han descarriado". Creo que la brecha generacional no es un descubrimiento. Siempre estuvo presente, porque una madre tiene

---

1 Un comentario sobre los sūtras de gramática sánscrita de Pāṇini.
2 *Purā kalpe etadāsīt saṁskārottarakālaṁ brāhmaṇāḥ vyākaraṇam smādhīyate tebhyastattat-sthāna-karaṇa-nādānupradānajñebhyo vaidikāḥ śabdā upadiśyante. Adyatve na tathā. Vedamadhītya tvaritā-vaktāro bhavanti. (mahabhāṣya – prayojana-granthopapatti prakaraṇam)*

generalmente 25 o 26 años cuando nace su primer hijo. No habría brecha generacional si el niño naciera de la misma edad que su madre, lo cual nunca sucederá.

Sin embargo, una cosa es cierta. Cuando decimos moderno, lo que realmente queremos decir es que, a diferencia de nuestros antepasados, tenemos que reaccionar ante una gran diversidad de sucesos todos los días. Definitivamente nuestros antepasados, hace unos cuantos siglos, en un modo estaban mejor porque solo tenían que reaccionar ante algunos pocos acontecimientos. Para la manera actual de pensar, tal situación sería imposible. Esto tampoco es cierto.

Vives un día a la vez. Cada día es siempre un hoy. Llegas a los 16 o a los 61 años viviendo un día a la vez. En tiempos pasados, cada vez que una persona despertó siempre fue un buen día. Es asombroso. Otra vez, es solo un día a la vez cuando terminas el día, cuando te vas a dormir. El sueño es un gran nivelador. Tus experiencias, tus problemas, tus nociones de individualidad, tu identidad con la religión, tu concepto de lo moderno y de lo antiguo, incluso tu comprensión del Vedānta, todo esto se nivela en una experiencia general de "no saber nada". El mundo, incluyendo el concepto de tiempo y espacio, se disuelve en el sueño.

Cuando te levantas por la mañana a un nuevo día, es como una nueva creación. Puede ser nueva o puede ser una continuación de los viejos problemas. Puedes vivir el día como una continuación de lo que sucedió antes, el día anterior, porque los recuerdos están allí. Los recuerdos, tal vez, están para dar cierta continuidad. Llevas adelante lo que fue experimentado antes y contemplas el día desde la memoria del día anterior. Creo que una persona moderna mira al día de una manera diferente. Su día necesita estar abarrotado para sentir un logro.

Un día lleno de actividades no necesita acelerar. De hecho, con menos actividades, es increíble cómo un día pasa a toda velocidad. Encuentras que no tienes tiempo para nada, a pesar de que el día está lleno de actividades que son previsibles. No hay sorpresas. La rutina de uno es previsible, la comida y el momento de comer son previsibles. Todo está bien ordenado; todo el día es previsible. A pesar de la previsibilidad encuentras que un mes acaba de pasar volando.

Nuestros ancestros también vivieron una vida previsible pero con menos acontecimientos. No tenían televisión para ver, periódico para leer o radio para escuchar. En esos días, tales servicios no estaban disponibles. Si había un acontecimiento de importancia, como una desgracia en un pueblo cercano, la noticia no llegaba instantáneamente a las personas del pueblo vecino. Probablemente escucharían sobre ello diez días más tarde, cuando ya no era un acontecimiento presente. Era un acontecimiento antiguo, un acontecimiento ya llorado o un acontecimiento al que la gente ya había respondido de manera adecuada. A veces, las noticias no fluían en absoluto. Mientras tanto, en estos días, en la atestada portada de un periódico, hay demasiados acontecimientos y debes responder a cada uno de ellos: algo sucede en algún lugar del mundo: el príncipe Carlos tiene fiebre, el presidente Bush estornuda, en algún lugar un terremoto cobra miles de vidas, en algún lugar hay una revuelta y muchos mueren, en algún lugar hay un acto de terrorismo y muchos son tomados como rehenes. Cada día tienes que responder a muchos acontecimientos diversos.

El mundo es del mismo tamaño que entonces, aunque si uno lo viera desde alguno de los satélites, vería a la pobre Tierra como una pequeña bola girando sobre su propio eje. En este pequeño globo nos encontramos acosados con tantos problemas. Parece que el mundo se ha encogido. Una vez, volé de Londres a las 11 de la mañana en el Concorde de

British Airways y llegué a Nueva York a las 8 de la mañana. La gente que me estaba esperando en el aeropuerto de Nueva York me preguntó: "Swamiji, ¿cuándo partiste?" Les dije: "Aún no me partido, ya que mi vuelo sale a las 11 de la mañana". No puedo usar el tiempo pasado aquí, hasta la gramática se vuelve un problema. Uno no sabe qué tiempo usar. La tecnología moderna cambia las reglas de la gramática.

Hoy en día, las acontecimientos ocupan las veinticuatro horas del día. Sin relación con los acontecimientos, sin duda, mi vida es muy simple. Sin embargo, no puedo ser un mudo testigo de lo que está sucediendo a mi alrededor, aún siendo un simple individuo o un swami. No puedo dejar de estar vivo ante los acontecimientos. Con la frase "a mi alrededor" no me refiero a la montaña, el río o las estrellas. Tampoco a los pocos árboles y pájaros. En la frase "a mi alrededor" el cielo es el límite. Incluso un agujero negro, cuya influencia gravitatoria es tan fuerte que ni siquiera la luz puede escapar, está "a mi alrededor". Lo que está a mi alrededor es lo que sé, y lo que sé es suficiente para preocuparme.

Uno tiene que reaccionar ante cada acontecimiento o vivir la vida encerrado en una cueva en alguna parte. No creo que esa sea una vida digna de ser vivida. Incluso si vivo una vida sencilla, es mejor vivirla en medio del mundo. Cuando escucho la noticia de que dos meteoritos chocaron en sus órbitas, esto crea un pequeño temor en mí: los restos pueden caer sobre mí. Por lo tanto, me encuentro en una posición en la que tengo que reaccionar ante situaciones que son demasiadas y variadas. ¿Cómo debo reaccionar ante ellas?

A menudo te encuentras impotente. Lees el periódico matutino en el baño y te enfureces. No puedes hacer nada porque estás impotente. Este desamparo es el problema moderno. No es que sea el único problema, habrá muchos, pero este conduce a una diversidad de otros problemas. Puedes tener una respuesta para todo, pero a nadie le interesa consultarte. Eso es otro problema. Te encuentras impotente, y no por tu culpa. Puedes vivir una vida muy simple, clara, donde te ocupas de la gente, sin pisotear los pies de los demás, pero al mismo tiempo te encuentras impotente. Estás desamparado porque tienes que responder a cada situación que llegas a conocer. Además, como miembro de la sociedad contemporánea, no puedes evitar conocer.

¿Cómo podemos manejar esta impotencia? Si puede ser manejada, ya no es más una situación de impotencia. ¿Cómo puede uno observar las situaciones y sentir que ya no está impotente? Antes de tratar con eso, veamos cómo vive cada uno su vida.

Vivimos en nuestro propio mundo. A pesar de que hay un mundo válido para la apreciación pública, para la mirada pública, aún así cada uno vive una vida subjetiva. Cuando me ves, el Swami, yo soy el único mundo para ti en ese momento: no hay otro mundo. De hecho, lo que enfrentas es el mundo. Si mientras hablo contigo piensas en otra cosa, entonces esa otra cosa se convierte en tu mundo.

Cuando me ves, ¿cómo me ves? ¿Me ves tal como soy? Físicamente si no eres daltónico y tus ojos y oídos funcionan bien, entonces puedes tener alguna idea objetiva sobre el Swami. Sin embargo, el Swami no es solo el cuerpo físico, mucho menos la ropa que lleva: es más que eso. Hay alguien en este cuerpo que ahora te está hablando y respondiendo. ¿Cómo conoces a esta persona? ¿Cómo respondes a esta persona? Siempre es con tus escalas de juicio.

En la competitiva sociedad de hoy, cada miembro parece que se la tiene jurada al otro. Así es como se ve, si tomamos como referencia el comportamiento de la gente. Por lo tanto, siempre son precavidos. Siempre están listos para defenderse. Siempre están listos para pelear. Aprenden esta actitud desde su niñez.

Comenzamos nuestra vida como un bebé indefenso pero totalmente confiado. No sabemos si estamos con nuestra madre o con alguien más: estamos indefensos. Estamos indefensos cuando nos enfrentamos a ciertas situaciones psicológicas que nos perturban, que socavan nuestra confianza. Esta desconfianza más tarde se convierte en el núcleo de la personalidad del niño. La desconfianza se confirma cuando vamos a la escuela, porque a nuestro alrededor hay un montón de bravucones que nos la tienen jurada. Todo esto influye en nuestras respuestas como adultos. Cuando vemos a la gente en la sociedad, todo el mundo parece estar listo para ganar todo lo que pueden. La supervivencia misma se convierte en un desafío. En una sociedad opulenta, no es muy diferente. Cuando hay competencia, siempre estamos preparados para un ataque. Alguien puede aprovecharse de nosotros, explotarnos o tomarnos por tontos, y no queremos que nos tomen por tontos. Por lo tanto, somos precavidos todo el tiempo. Es esta persona precavida la que trata con todos, también trata con el Swami. Nuestra desconfianza y suspicacia hacia los demás nos pone en una situación vulnerable.

Todo el mundo tiene necesidad de alguien que no sea crítico, con quien uno pueda relajarse. Es muy difícil encontrar una persona así en el mundo. Esto también te hace vulnerable. Te hace maduro para ser explotado. Con todos tus miedos, necesidades, desconfianza y suspicacia, cuando ves al Swami, bueno, él no será el Swami que es. Él será el Swami que tú crees que es.

Esto es cierto para todo. Es una de las principales razones por las que la mente humana ama la naturaleza. El océano y las montañas, el cielo y las estrellas se vuelven tan importantes para nosotros, porque son los únicos a los que podemos acercarnos sin nuestros prejuicios. Les pregunto: ¿Solo estos son considerados naturaleza? ¿El ser humano está fuera de la naturaleza? ¿Quién dijo que un ser humano no es naturaleza? Si los animales, los árboles y las montañas son parte de la naturaleza, ¿cómo es que una especie tan expresiva como el ser humano no es parte de la naturaleza? Mi nariz, mi respiración, mi hambre, ¿no son naturaleza? Mi pensamiento, mi ira, mi amor, ¿no son naturaleza? Todos ellos son *prakṛti*, naturaleza. ¿Quién dice que están fuera de la naturaleza? Entonces, ya que los seres humanos también forman la naturaleza, ¿por qué huir de ellos para ver una montaña? ¿Por qué debo estar bajo tal presión que debo buscar montañas, valles, árboles y flores? Es porque otros miembros de mi especie me han lastimado y ya no puedo confiar en ellos o relajarme en su presencia. Es porque las montañas y los bosques son los únicos que nos quedan para ver sin prejuicios. Sin embargo, si eres un ecologista tienes un problema. Verás las montañas y dirás: "¡Dios mío! ¿Qué le han hecho a esta montaña? Es indignante. La han dejado totalmente calva". La destrucción de la naturaleza es otro problema debido a que a las personas les falta conciencia ambiental. Por lo tanto, hoy día hasta las montañas pueden volverte loco. Entonces, tienes que elegir ciertas montañas especiales. Puedes ver cómo para uno, el mundo seguro es cada vez más y más pequeño. Sin embargo, así como vemos a la naturaleza sin prejuicios, también podemos ver sin subjetividad el mundo que es válido para la apreciación pública.

Cuando miras una montaña, ella no te exige ni te amenaza. Puedes ser tal como eres, en casa contigo mismo. Te aceptas a ti mismo en la apreciación de la belleza de la montaña. No quieres que la montaña sea diferente, que los animales sean diferentes, que la ubicación sea diferente, o que el pico de montaña sea diferente. Aceptas la montaña tal cual es. Por el momento, parece resolver todas las exigencias de la persona exigente en ti. Llegas a apreciarte a ti mismo, que es algo que no habías hecho antes. Dices que la montaña es hermosa y la visitas una y otra vez. Sin embargo, no es la montaña la que te gusta, sino que te gustas a ti mismo cuando ves la montaña. En la experiencia de la montaña te ves a ti mismo, al menos de manera relativa, una persona complacida cuyas exigencias son silenciadas y cuyo juicio de sí mismo por el momento está resuelto. La belleza es tan cautivadora que no hay tiempo para que juzgues: por el momento, la montaña no te permite tener tu pequeñez. Es capaz de capturar tu imaginación y te encuentras dejando ir todas tus nociones, te ves hermoso.

Cuando te ves hermoso, dices que la montaña es hermosa. Cuando dices que la montaña es hermosa no es Vedānta. El Vedānta dice: "Cuando dices que la montaña es hermosa, significa que tú eres hermoso". Eso es Vedānta. Cuando expresas que la montaña es hermosa entonces te vuelves un poeta. Puedes escribir un poema sobre la montaña. El Vedānta no es poesía. En la poesía hay algunos hechos, pero necesitas al Vedānta para entender esos hechos.

En cualquier situación cautivadora te ves a ti mismo como una persona que no juzga. Significa que eres capaz de no ser crítico. No juzgas al objeto de la cautivación ni a ti mismo. Si juzgas el objeto, también te juzgas a ti mismo. Todo juicio lleva al juicio de uno mismo. Cuando no juzgas la montaña, cuando dejas que la montaña sea como es, entonces no te juzgas a ti mismo, al menos por el momento.

Cuando te ves a ti mismo como una persona que no juzga, estás en armonía con lo que enfrentas. Es algo que conoces por experiencia, pero no lo reconoces de inmediato. Cuando puedes relacionarte con la montaña, también puedes relacionarte con cualquier otra persona o situación. Si es posible en una situación, también es posible en cualquier otra situación. Ahora tenemos una base para entendernos a nosotros mismos.

Cuando te ves como una persona no exigente a pesar de ti mismo, a pesar de tus prejuicios, tus atracciones y aversiones, tus exigencias, entonces lo has conseguido. Después de todo, esto es lo que buscas en la vida. ¿Qué más estás tratando de lograr en la vida? Si no necesitas demostrar que eres alguien, si no necesitas ser siempre cauteloso y precavido en diferentes situaciones, entonces has crecido. Mientras tengas desconfianza y exigencias, todavía debes crecer. La gente dice: "Camino sobre cáscaras de huevo". No estás caminando sobre cáscaras de huevo, estás dentro de un huevo, y tienes que salir del cascarón. Así que tus propios prejuicios te confinan, te aprisionan y son los grilletes.

Tu vida debe ser tal que entiendas los hechos y veas lo que está delante de ti tal como es. No necesitas conocer a la persona, pero necesitas no mirar a la persona con tus prejuicios. Incluso si llegas a saber algo sobre la persona, ¿por qué deberías interpretar algo? Una persona es debido a sus antecedentes. Entender y aceptar a una persona como él o ella es, te ayuda a salir del cascarón de tu mundo privado hacia el mundo público. El mundo público es muy brillante y hermoso: es lo que es, mientras que el mundo privado no lo es. Nuestras luchas en la vida son principalmente para salir de nuestro propio mundo privado y sus prejuicios.

Pensamos como indios, o pensamos como americanos o europeos, pero no pensamos como pensadores. Este es nuestro problema. Uno puede vestirse como un *sādhu*, como los indios. Es bienvenido, es cultural. Cada cultura debe ser preservada tal como es, no necesitamos alterarla en absoluto. El trabajo misionero conduce a la destrucción cultural. Cada cultura tiene su propia belleza, lengua, dialecto, música y debe ser preservada: es la riqueza de la humanidad.

Puede que no la entiendas, pero no importa, debe ser conservada como es. La cultura incluye el lenguaje, la vestimenta, la comida, la forma de comer, la forma de cocinar, la forma de hablar, la forma de saludar, la forma de vivir en familia, etc. Incluso los ornamentos y el peinado son cultura, por lo que deben ser tal como son. Por lo tanto, todo es cultural. Sin embargo, no hay un pensamiento indio, a menos que haya una verdad india. No hay un pensamiento americano, a menos que haya una verdad americana. Si estamos tratando con la verdad pública, entonces, debemos pensar como pensadores.

Necesitamos perspicacia para entender nuestros propios prejuicios, para saber cuáles son prejuicios y cuáles no. Para tener esta perspicacia uno necesita observarse objetivamente a sí mismo y al mundo. Habiéndote observado a ti mismo, observa el mundo y trae ese conocimiento para hacer frente a las situaciones que requieren respuestas de ti. Puede haber millones de situaciones. No tienen por qué hacerte sentir impotente. Lo que se requiere es entendimiento y conocimiento, que es diferente de cualquier tipo de acción.

SEGUNDA CHARLA

LA DIFERENCIA ENTRE EL CONOCIMIENTO Y LA ACCIÓN

Existe una clara diferencia entre el conocimiento y la acción. La acción se refiere a cierto movimiento y cambio. Incluye las acciones involuntarias como la respiración. Nadie puede vivir sin hacer algo, sin acción. El Señor Kṛṣṇa dice[3]: "Una persona no puede vivir sin acción, ni siquiera por un segundo". Hablar es una acción, comer es una acción. Pensar también es una acción porque hay un movimiento: te mueves de un pensamiento a otro. Incluso dormir es una acción. De hecho, hay una gran cantidad de acción, que es por lo cual a pesar de haber cenado seis platillos la noche anterior, te levantas voraz por la mañana. Durante el sueño se lleva a cabo una gran cantidad de actividad, como la digestión, la circulación sanguínea y demás. La cesación completa de actividad es imposible si uno está vivo.

Comprendiendo esto, ¿entonces cuál es la diferencia entre el conocimiento y la acción? Aquí hay

---

3 *nahi kaścit kṣaṇamapi jātu tiṣṭhatyakarmakṛt* (*Bhagavad Gītā* 3.5)

una rosa. Supongamos que pido: "Por favor, tomen esta rosa", algunos de ustedes se levantarán y otros no. Esto demuestra que tienen elección. Pueden elegir levantarse y tomar la flor o puede elegir no levantarse. Esto es lo que llamamos libre albedrío, elección. Como ser humano, estás dotado de este libre albedrío. Por lo tanto, puedes hacer, puedes no hacer y también puedes hacerlo de modo diferente. Más tarde, al final de la charla puedes acercarte y preguntarme, "Swamiji, ¿puedes darme la flor?". Tienes libertad de elección con respecto a la acción: *kartum*, hacer una acción; *akartum*, no hacer una acción; *anyathā vā kartum*, hacerlo de manera diferente. Por lo tanto, la acción viene de tu voluntad. Incluso las acciones involuntarias provienen de la voluntad de otro. Puede ser la voluntad del Señor o la voluntad de la ley. Tu respiración no es voluntaria pero ocurre. Hay una inteligencia, hay una voluntad involucrada en ella. Aquí estamos tratando con acciones voluntarias y estas definitivamente nacen de tu elección. Ahora puedes entender que la acción implica libertad, el uso de tu libre albedrío.

El conocer no es muy diferente. El conocimiento tiene lugar cuando se cumplen ciertas condiciones. Primero, debe haber un *jñeya*, un objeto a conocer.

Luego debe haber *jñāna*, el medio de conocimiento para conocer. Indudablemente, debe haber un *jñātṛ*, el conocedor. Por medio del conocimiento se establece la conexión entre tú, el conocedor, y el objeto que es conocido.

Tomemos la simple percepción, que es un medio de conocimiento. Te pido: "Por favor, abre los ojos, mírame, pero no me veas". No tienes elección. Me verás. Por lo tanto, el conocimiento es algo que derrota a tu voluntad. Si, por ejemplo, pasas por una pescadería pero no quieres sentir el olor, tu nariz no te complacerá: lo sentirás. A menudo ves cosas que desearías no haber visto, porque los ojos ven. Tu deseo o voluntad no tienen control sobre ellos. Definitivamente puedes cerrar los ojos: eso es una acción, no conocimiento. También puedes tapar tus oídos: es una acción, no conocimiento. Sin embargo, una vez que los ojos están abiertos y un objeto está enfrente, no tienes más opción que ver.

En el conocimiento no hay elección como "Puedo conocer esto, no necesito conocer esto o puedo conocer el objeto de manera diferente". No hay elección una vez que el medio de conocimiento y el objeto de conocimiento están alineados. El conocimiento tendrá lugar, te guste o no. Supongamos que el medio de conocimiento es inadecuado: el conocimiento puede no tener lugar. Si una persona que apenas sabe aritmética es expuesta al cálculo, no podrá entender el tema. No está calificado, le falta la preparación necesaria para estudiar cálculo. De esto podemos entender que para que el conocimiento tenga lugar, no solo requerimos los cinco sentidos, sino que también necesitamos una mente preparada.

Además, cualquier conocimiento es tan verdadero como su objeto. No hay ninguna cuestión de *anyathā vā jñātuṁ śakyam*, que puedes conocerlo de manera diferente. Si tengo una rosa en la mano y digo: "Por favor, mira el conejo blanco en mi mano", ¿puedes aceptar mi afirmación? Por mucho que quieras creer al Swami, que quieras que tenga razón, cuestionarás mi cordura. Te preguntarás, "¿Qué le ha pasado al Swami? Estaba bien hasta ahora". Está claro entonces que el conocimiento tiene que ser tan verdadero como el objeto.

Además, no se puede reemplazar un medio de conocimiento. Si tienes que ver una forma o un color, no tienes más remedio que usar tus ojos. Si deseas conocer el olor, la nariz es el único medio disponible. Es lo mismo con los otros tres, gusto, oído y tacto. Si no puedes ver formas o colores, necesitas revisar tus ojos.

Como medio de conocimiento, no puedes reemplazar a tus ojos con tus oídos o nariz.

Cuando necesitas saber algo más que la información recopilada por los cinco sentidos, necesitas otros medios de conocimiento como la inferencia. Es el único medio disponible para ti si deseas inferir algo. Si puedes verme, no puedes decir, "Supongo que el Swami está sentado". Sin embargo, si no puedes verme pero escuchas mi voz, indudablemente puedes decir, "Swami está hablando con alguien". La presunción es también una inferencia. Donde el medio de conocimiento requerido es la inferencia, solo ese medio funcionará, no los otros como la percepción. Es importante entender que los medios de conocimiento no pueden ser intercambiados o reemplazados y no puedes conocer un objeto de manera diferente.

Hemos visto que la acción, *karma*, se basa en tu voluntad: puedes elegir. Por otra parte, el conocimiento, *jñāna*, está centrado en el objeto: no tienes elección. En sánscrito se dice que la acción es *puruṣa-tantra*, depende de la elección de la persona, mientras que el conocimiento es *vastu-tantra*, depende del objeto. Dado que el conocimiento es *vastu-tantra*, siempre hay una duda en tu conclusión acerca de ti mismo. Uno nunca está seguro de su propia opinión. La duda surge porque a veces te ves de manera diferente en circunstancias diferentes. Puesto que no puedes confiar en tu opinión sobre ti mismo, eres asaltado por dudas sobre ti mismo. Tu oportunidad de felicidad se va a pique. Te encuentras culpable de algunas acciones, carente de un montón de cosas, quedándote corto en todos los sentidos. Tu cara larga te delata. Si tus opiniones de ti mismo son ciertas, no tienes absolutamente ninguna posibilidad de felicidad. De hecho, incluso puedes considerar el suicidio: la mayoría de la gente lo haría.

Afortunadamente para nosotros, las acciones extremas de esta envergadura no son necesarias: encontramos momentos de felicidad y risa a pesar de nuestras nociones de nosotros mismos. Cada día nos trae momentos en los que sonreímos, reímos o disfrutamos. En esos momentos, nuestras nociones quedan suspendidas y nos vemos como personas complacidas. Una broma, la inocencia de un niño o un paisaje impresionante invocan a la persona complacida en nosotros. Podemos concluir que quizá haya dos personas diferentes en nuestro cuerpo. Uno es el yo inadecuado e inaceptable, y el otro es el yo feliz y complacido. ¿Cuál es el yo real?

Si yo te pregunto quién eres, puedes darme detalles de tu nombre, edad, calificaciones, nacionalidad, etc. Estos atributos son incidentales, adquiridos. Con el tiempo, también podrían cambiar. Tu edad definitivamente cambia con el tiempo. Podrías cambiar tu profesión y nacionalidad. La pregunta es: ¿quién eres como persona? ¿Quién es la persona básica? ¿Puedes decir que eres una persona feliz? ¿Una persona infeliz? ¿Cuál sería tu respuesta? Tienes tus dudas sobre quién eres. A menudo me sorprende cuando hay un anuncio público de mis disertaciones, "Swami Dayananda habla sobre el conocimiento de sí mismo" y encuentro a cien personas esperándome. ¿Por qué quieren saber sobre sí mismos de mí? Deberían decirme quiénes son. Vienen porque tienen una duda: dudan de sus nociones de sí mismos. Es similar a consultar a un terapeuta para ordenar las cosas, para averiguar los modos de nuestra mente, nuestras emociones y demás. Surge de la confusión sobre nosotros mismos. La duda sobre uno mismo persiste porque es innata en nosotros y porque nos vemos cambiando según nuestros estados de ánimo.

Insatisfechos con lo que somos, buscamos constantemente cambiarnos, ser diferentes de lo que somos. Es doloroso ser quienes somos, y para evitar el dolor, tratamos de convertirnos en algo diferente o tratamos de lograr el éxito en un campo determinado para aceptarnos a nosotros mismos.

Si nos fijamos en lo que nos hace aceptables, encontramos que es lo que nos hace aceptables para los demás. Nos aceptamos a nosotros mismos cuando los otros nos aceptan. Siempre hay unas cuantas personas que están cerca de nosotros, que son queridas por nosotros. Es en sus ojos que tenemos que ser aceptables, ser apreciados. Puede ser nuestra familia, amigos u otras personas significativas. Cuando recibimos nuestro título de doctorado, hay un festejo en nuestro círculo cercano. En su aprecio, nos aceptamos a nosotros mismos. Si obtienes tu doctorado tu madre celebrará, tu padre será feliz, todos tus amigos estarán contentos excepto alguien que pueda estar celoso de ti. Sirves a la sociedad o tratas de complacer a la sociedad para ser aceptado por la sociedad, la sociedad compuesta por personas que consideras muy importantes en tu vida. Por lo tanto, tu aceptación de ti mismo depende de los demás aceptándote. Piensas que la imagen de ti mismo mejora con su aceptación. Sin embargo, el mero logro no mejora la imagen de uno mismo. Por ejemplo, hay doctores que a pesar de sus títulos son económicamente inestables, mientras que hay personas con apenas un título de la escuela secundaria que son financieramente sólidas. De este modo, continúa la lucha por mejorar la propia imagen que uno mismo tiene, al igual que nuestros intentos de convertirnos en una persona diferente. El hecho de que nos aceptemos solo si los demás lo hacen es señal de nuestra falta de aceptación de nosotros mismos.

La desafortunada situación es que a pesar de tus logros, continúas luchando por ser diferente. Si aprendes de las experiencias de los demás, te darás cuenta de que la autoaceptación no depende de la longevidad ni de los logros. No es necesario repetir los errores de los demás: puedes aprender de ellos. Por lo tanto, te das cuenta de que la lucha por la autoaceptación es interminable cuando ves a los demás a tu alrededor. La lucha es para validarte a ti mismo ante los ojos de los demás y, por lo tanto, estableces metas. En el esfuerzo de lograr esos objetivos, te encuentras bajo presión, estrés y ansiedad. Incluso si logras los objetivos que te has fijado, todavía serás incapaz de aceptarte a ti mismo.

Aquí es donde el Vedānta nos ayuda. Dice: "Eres aceptable tal como eres. No necesitas luchar". Sin embargo, cuando observo mi altura, color, pelo, posición, y mucho más, soy incapaz de aceptar las declaraciones de Vedānta. A partir de esto queda muy claro que mi concepto de «yo», mi percepción de «yo» es diferente de la del Vedānta. Nuestro concepto tiene muchas deficiencias, mientras que el del Vedānta es totalmente aceptable.

En la visión del Vedānta, todo lo que buscas en la vida es esencialmente a ti mismo. «Tú» se refiere a todos los seres conscientes. Ya que eres consciente de ti mismo, estás obligado a tener opiniones acerca de ti mismo. Naturalmente te encontrarás deficiente, y por lo tanto no aceptable. Todas las luchas humanas derivan de este problema fundamental. El Vedānta señala que tu opinión de ti mismo es incorrecta: es equivocada, un error.

¿Cómo cambiarás tus nociones equivocadas sobre ti mismo? El realizar una acción indudablemente no ayudará. Donde hay una noción equivocada, se requiere conocimiento para eliminar ese error, y no una acción. Necesitas conocimiento para saber quién eres, lo que el «tú» es.

TERCERA CHARLA

EL VEDĀNTA ENSEÑA "Tú eres libre"

En la vida hay básicamente tres búsquedas universales que toda persona realiza. Una es que no podemos aceptar la muerte. Todo el mundo quiere vivir, nadie quiere morir. Todo ser vivo lucha por vivir. El instinto de supervivencia es innato a todos los seres vivos. No queremos morir ahora, porque "ahora estoy vivo". Al siguiente momento es lo mismo, "ahora estoy vivo". Siempre es "ahora". Todo el mundo quiere comprar un día más de tiempo. No podemos aceptar la autoaniquilación, porque como seres vivos, queremos ser. Aunque somos mortales, queremos vivir ese día más. El amor por la vida es universal, en todas las formas de vida, ya sea mosquitos, cucarachas, animales y demás. Observa a un mosquito y te darás cuenta de cómo lucha por vivir. Tiene suficiente inteligencia para sobrevivir. Es increíble cómo cada criatura lucha por vivir.

El otro lado de este amor por la vida es el temor de que podamos morir en cualquier momento. Anticipamos la muerte en cada esquina, en cada situación. El miedo a la muerte está implícito en el instinto de supervivencia. Se llama supervivencia porque involucra al miedo.

El segundo deseo, que es igualmente poderoso, lo entenderás si analizas algunos casos de suicidio. A pesar del amor por la vida, una persona se ha suicidado. La razón es el dolor. El dolor puede ser debido a tragedias personales, pérdidas financieras, pérdidas de reputación, en resumen, todo lo que causa dolor.

Una persona quería suicidarse. Le pregunté la razón. Me dijo:

—Swamiji, he perdido un millón de dólares y estoy en la ruina.

—¿Tu vida vale solo un millón de dólares?

—Todo se ha perdido, Swamiji, mi vida no vale la pena ser vivida.

—Bueno, voy a pedir un préstamo libre de intereses. Lo devuelves cuando puedas.

La incredulidad estaba escrita en su cara.

—¿De verdad, Swamiji? ¿De verdad?

—Sí.

—Oh, gracias, Swamiji. Gracias.

Juntó las manos para decir *namaste* y las píldoras cayeron de sus manos. El hombre quería vivir. Sin embargo, contemplaba el suicidio. La razón es que para él una vida sin dinero era insoportable. Es desafortunado que pensara de este modo. Un terapeuta podría haberlo ayudado. Antes había tenido dinero, pero ni siquiera entonces estaba contento. Su idea era que el dinero no lo hacía feliz, pero la ausencia de dinero definitivamente va a hacerlo infeliz. A partir de esto, entendemos que el amor por vivir y por vivir felizmente es universal.

El tercer apremio universal, como ser humano, es la incapacidad de aceptar la ignorancia. No puedes tolerar la ignorancia. Sin embargo, no es un problema siempre y cuando no sepas que no sabes. Si sabes que no sabes, querrás saber. Es por eso que lees todo tipo de revistas, desde Discover a las revistas locales de chismes: necesitas saber lo que está sucediendo a tu alrededor. Una persona le dijo a otra:

—Tengo un secreto importante que decirte. No debes decírselo a nadie.

—Bien, seguro. No lo haré. ¿Qué es?

—Ya es tarde. Te lo diré por la mañana.

El otro amigo le insistió, lo acosó, pero él le dijo:

—Mira, es una larga historia. Si empiezo, tardará en terminar. Ya es tarde. Te lo diré mañana.

La curiosidad de la otra persona ha surgido, y probablemente se mantendrá despierta toda la noche imaginando cuál podría ser el secreto. Es porque si sabes que no sabes, harás todos los esfuerzos por saber. No puedes soportar la ignorancia.

Al analizar tus actividades cotidianas, encuentras que todas tus búsquedas se basan en estos tres. Son comunes a todos los seres humanos. Quieres vivir, vivir feliz y saludable y vivir estando más informado. Tus actividades están dirigidas a mantenerte vivo, cómodo y feliz y mantenerte informado. No hay una cuarta búsqueda. Toda búsqueda puede ser incluida dentro de estas tres. La conclusión detrás de las búsquedas es que eres mortal, infeliz e ignorante, por lo tanto, un individuo con todas las deficiencias.

Ahora llega el Vedānta y niega tus conclusiones. Dice que tus nociones de ti mismo están equivocadas. También dice que tienes que corregir el error centrado en el ser, el «tú», porque el «tú» no tiene ningún problema. Es inmortal, felicidad y conocimiento. Cambiar este «tú» no tiene sentido.

Si básicamente eres un mortal, ¿cómo puedes liberarte de la mortalidad? En el proceso de liberarte de la mortalidad, demostrarás tu mortalidad, no importa qué rama de la medicina utilices, ya sea alopática, homeopática o naturópata. Tienes mis condolencias. No se trata de librarte de tu mortalidad. Si realmente eres un mortal, no puedes cambiarlo.

Si sientes que eres infeliz y deficiente, es comprensible porque nace de tu propia noción sobre ti mismo. Si te identificas con el cuerpo físico, definitivamente eres deficiente. Del mismo modo, si lo haces con la mente, tiene sus limitaciones. Tus poderes perceptivos, inteligencia y memoria, todos son limitados. Tus emociones son siempre limitadas. No puedes estar alegre con todas estas limitaciones.

Si te identificas con tu complejo cuerpo-mente-sentidos, te verás solo como una persona limitada. Agregar o quitar algo de este complejo no te lo hará completo y aceptable. Un palo de escoba sigue siendo un palo de escoba incluso si lo decoras con adornos. Matemáticamente hablando, un número finito, sin importar qué otro número le adiciones, no llegará a ser infinito. Si añades uno más un billón, un trillón o un millón de millones, seguirá siendo un número finito. Si eres un ser limitado lo seguirás siendo, no importa lo que hagas a ti mismo. Eres un ser limitado más una casa, un ser limitado más una piscina agregada a la casa, un ser limitado más un barco agregado a tu coche, un ser limitado más una familia, y así sucesivamente.

Una vida de constante devenir no va a ayudarme. Si el problema es real, entonces convertirme en alguien diferente no puede ayudarme, porque básicamente soy mortal, infeliz, deficiente e ignorante y la situación no va a mejorar, no importa lo que haga. Cuanto más conozco, más me doy cuenta de cuánto queda por saber. Más conocimiento revela nuevas áreas de ignorancia. Es una experiencia que enseña humildad. Por lo tanto, siempre encuentro que soy limitado en conocimiento. Mi ignorancia permanece. En consecuencia, también lo hace mi inseguridad.

Un día, una persona pensó que se convertiría en un Buddha. Decidió renunciar a todo. Primero abandonó el bote, luego a su familia. Su casa y la mitad de su riqueza fueron para su esposa. La otra mitad la regaló a caridad. Donó su auto al monasterio. Luego, se unió al monasterio como novicio. Había dado todo, pero aún no era un monje. Antes había sido un ser limitado con un montón de propiedades. Ahora era un ser limitado sin las propiedades. Antes, no había mendigado su comida, había mendigado felicidad. Ahora estaba mendigado ambas: la felicidad y la comida. Es obvio que adquirir cosas o regalarlas no mejora la imagen que uno tiene de uno mismo. La impotencia básica continúa. Sin resolver el problema original centrado en uno mismo, las cosas no mejoran. No importa lo que una persona haga o deje de hacer, su impotencia permanece. Estar permanentemente libre del sentido de carencia, comprender que uno está esencialmente completo y entero en términos de conocimiento, tiempo y plenitud, es darse cuenta de que la imagen de uno mismo se debe a una noción equivocada de uno mismo. Requiere Vedānta.

Corregir la noción equivocada de uno mismo es la única manera de resolver el problema de la carencia. Si el problema está centrado en el "ser", entonces la persona tiene que darse cuenta de que sus ideas nacen del error. El Vedānta lo ayuda a uno a darse cuenta del error de su manera de pensar. Si el problema surge debido a un error, entonces la solución reside en corregir ese error. No hay otra solución. El Vedānta dice que debido al error piensas que eres limitado, que eres mortal, infeliz e ignorante. El Vedānta también proporciona la solución: dice que tienes que saber quién eres, quién es el «yo» básico.

El Vedānta se dirige a este yo, este ser. Cuando eres feliz, en ese momento el «ser» que está disponible eres tú. Esto debe ser bien comprendido. Significa que tenemos que buscar el conocimiento. El conocimiento te hace ver todo lo que tienes, incluyendo el complejo cuerpo-mente-sentido, como un lujo. La civilización moderna tiene todo que ver con convertir más y más lujos en necesidades, desde un simple par de zapatos a coches de lujo y yates. Significa que cuanto más civilizado eres, más necesidades tienes. No estoy juzgando o denigrando un estilo de vida. Simplemente estoy analizando, indagando en el problema de un ser humano hoy en día.

Si la visión del Vedānta me ayuda a comprender que esencialmente estoy libre de ser un mortal, infeliz e ignorante, significa que básicamente soy una persona libre con referencia al problema original. Una vez que me veo como una persona libre, toda mi vida se transforma en una aventura alegre. Disfruto de la mente limitada, del cuerpo limitado y de los sentidos limitados, incluyendo el mundo limitado por el tiempo con el que me enfrento.

Cuando me veo a mí mismo como libre, puedo regocijarme en estos poderes que me son concedidos: el poder de desear, conocer y explorar, porque soy el ser libre básico. El entendimiento libera mis poderes, permitiéndome llegar a un círculo cada vez más amplio. Puedo trabajar hacia cualquier meta que establezco para mí sin presión, sin ansiedad. Si, en cambio, soy básicamente una persona deficiente, estos mismos poderes se convierten en necesidades y por mucho que pueda tener o adquirir, no estaré contento. Toda persona sin este conocimiento, por lo tanto, se convierte en un agarrador. Con este conocimiento descubro que soy libre, libre para echar una mano y dar de mi tiempo y esfuerzo. Esta libertad es *mokṣa*.

Existen ciertas posibilidades de que el Vedānta sea la solución al problema fundamental. La lucha por ser diferente no es cultivada o deliberada: es natural. Si es natural, presupone una solución. Otro fundamento para que el Vedānta sea la solución es que de vez en cuando encuentro que soy aceptable para mí mismo, cuando soy capaz de sonreír o reír. No me río porque haya logrado o cumplido algún deseo muy antiguo, sino porque algo capturó mi imaginación. Siempre que me río soy libre de las nociones de mí mismo. Es posible que mis ideas puedan estar equivocadas. Es esta posibilidad la que brinda el fundamento de la discusión sobre el problema humano fundamental. El Vedānta corrobora esta posibilidad.

Nací libre de nociones porque nací ignorante. No soy consciente de mi género, de mis padres y de mi situación ni de nada. Soy ignorante de lo que soy y lo que no soy: una ignorancia doble. Lo que no soy es el mundo y lo que soy, soy yo mismo. Más tarde, usando mi mente y mis sentidos, llegué a conocer el mundo. Construí sobre este conocimiento, conociendo cada vez más sobre el mundo, pero no llegué a saber de mí mismo. Para mí, yo era solo este cuerpo y mente y no me importó inquirir más. Continué con mi ignorancia sobre mí mismo: no interfería con mis otras actividades, mi educación, mi profesión, etc. Significa que podía ser ignorante de mí mismo y a la vez ser una persona muy bien instruida.

Si analizas tu búsqueda del conocimiento, descubrirás que es conocimiento de lo que no eres. No te importa investigar quién eres. Crees que sabes quién eres hasta que descubres el dolor. No conoces la razón y quedas perplejo. En una situación similar, encuentras a alguien que no reacciona de la misma manera. Entonces decides que la tuya fue una reacción excesiva. El hecho es que no hubo reacción excesiva, solo hubo reacción. Es debido a tus antecedentes.

El dolor me induce a mirarme más de cerca. ¿Es este quién soy? ¿Hay algo mal en mí? ¿Qué está mal en mí? Mi siguiente paso es buscar la ayuda de un terapeuta para saber sobre mí mismo. Es conocimiento de mí mismo, de mi ser psicológico. El terapeuta, en el mejor de los casos, valida mis sentimientos. La psicología no tiene una solución total. Puede darme un entendimiento del yo emocional debido al dolor que experimento. Alivia mi dolor momentáneamente, cambiando mi problema de mí mismo a una causa ajena de mí. Sin embargo, todavía tengo que vivir con mis limitaciones y conmigo mismo. La psicología no puede resolver el problema fundamental de la deficiencia.

Si elijo recurrir a la religión para resolver mi problema, un teólogo me dirá que tengo una culpa esencial porque nací del pecado original. Antes, había pensado que era culpable de algo que había hecho o no hecho, pero ahora estoy marcado por algo que nunca había sabido que existiera. El sacerdote no elimina mi culpa: en su lugar crea otra sin mi culpa. Es un problema discutir con teólogos, porque cada argumento conduce a otra creencia. Limita con el fundamentalismo. Sus argumentos funcionan de manera similar.

—Estas son las palabras de la verdad.

—¿Por qué dices que son verdad?

—Porque el libro lo dice.

—¿De quien es ese libro?

—¡Oh! Este es el libro de Dios.

—¿Cómo sabes que es el libro de Dios?

—Esto es lo que se nos dice.

No los estoy criticando. Quiero que entiendas el concepto detrás del pecado original. Una vez que aceptas el concepto, se deduce que eres un mortal. No hay manera de escapar de la mortalidad. Si quieres ser algo diferente de un mortal, tienes que tener un nacimiento inmaculado. Hay un problema fundamental en las teologías. No pueden ayudarme a resolver los problemas de mi propia imagen de mí mismo. Ni los terapeutas ni los teólogos pueden ayudarme a resolver mi sentido de deficiencia.

Por otra parte, ¿por qué no podemos asumir que tal vez el Vedānta tenga razón? Además, no hay otra solución disponible para mí. La gente puede pensar que el Vedānta es una filosofía más, una escuela de pensamiento. No es así y la razón es que el Vedānta no es una especulación. Es un medio de conocimiento. Tienes que entender esto muy claramente.

El problema de nuestro sentido de deficiencia es epistemológico. Tenemos una noción errónea de nuestro yo, que no está disponible para la observación y la corrección, ya que yo soy el mismo que observa. ¿Cómo voy a objetivarme a mí mismo, a menos que me trepe sobre mis propios hombros? No puedo convertirme en sujeto y objeto al mismo tiempo. Epistemológicamente, no es posible. Necesito un medio de conocimiento que sea externo a mí. El Vedānta es un medio tal que está disponible para mí. No es un medio porque yo crea que lo es. El Vedānta se declara a sí mismo como un medio de conocimiento. Su tema de estudio no es una creencia no verificable. Su tema es yo mismo. Por lo tanto, puedo estudiar y verificar si sus afirmaciones son verdaderas o no. Un medio de conocimiento desempeña este papel. Su validez es el mismo medio. Por ejemplo, ¿cómo sabes que tus ojos ven sin usar tus ojos? Los ojos son su propia prueba.

Había un hombre que había nacido ciego. Nunca había tenido la esperanza de ver, hasta que alguien supo de un nuevo procedimiento que podía ayudarlo. Algunos buenos samaritanos lo pusieron en contacto con un renombrado cirujano que lo operó. Unos días más tarde, el cirujano le pidió que abriera los ojos y viera. El paciente se negó. "Doctor, prométame que puedo ver. Solo entonces abriré los ojos. No podría soportar decepcionarme". ¿Qué podía hacer el cirujano? A lo sumo, intimidarlo y obligarlo a abrir los ojos. Las exclamaciones del paciente son las que revelan que puede ver. Es obvio que el medio de conocimiento es una prueba en sí mismo.

El Vedānta, como dije antes, es un medio de conocimiento. No se enseña al público general porque no es filosofía. Tampoco es un tema académico más. En nuestra tradición, lo que estudiamos es un valor: es la vida. El Vedānta no es un concepto especulativo porque se dirige a mí. Al igual que un psicólogo se dirige a mí, a mi mente, el Vedānta va un paso más allá y se dirige a la persona básica que soy. Aunque hay especulación en la psicología, un psicólogo no es una persona especulativa. Así también en el Vedānta, el vedantino no se considera filósofo. El Vedānta trata con la realidad, con la verdad. Ya que discute la cuestión de la realidad, se la considera filosofía. El Vedānta, sin embargo, es mucho más que la filosofía: va un paso más allá.

¿Cuál es la enseñanza del Vedānta? Dice que, en términos generales, solo hay dos categorías en el mundo. Es solo un punto de partida; más adelante, veremos que el Vedānta se traga el segundo, dejando solo uno. Podemos argumentar que hay un millón de variedades de objetos en este mundo. ¿Cómo podemos afirmar que solo hay dos? El Vedānta se mantiene firme en sus afirmaciones. Solo hay dos: uno es «tú» y el otro es «todo lo demás». El «tú» es el significado de la palabra «yo», la primera persona del singular, y todo lo demás es «no yo». En sánscrito el «yo» es *aham*, el ātman, y el «no yo» es *idam*, el *an*ātman. ¿Puedes afirmar este hecho de otra manera? No puedes mejorar esta afirmación.

El «yo» es el que se enfrenta y el «no yo» es aquello que enfrento. El «no yo» incluye el cielo, si hay uno. Por lo tanto, todo lo otro, conocido y desconocido para mí, es «no yo». Si Dios es otra persona sentada en el cielo, entonces Dios también se convierte en «no yo». Por lo tanto, hay dos cosas: «yo» y «no yo». Esto es un hecho, lo que significa que no puede ser refutado.

Investiguemos el «yo» y el «no yo». ¿Dónde trazamos una línea entre los dos? La línea no puede ser trazada fuera de tu cuerpo. Si esto es así, entonces cualquier cosa o persona, por muy cercana o querida que pueda ser, no puede ser tomada como a ti mismo. Puedes decir: "Esto es mío". También puedes decir: "Esto es algo sin lo cual no puedo vivir". Sin embargo, no puedes tomarlos como a ti mismo.

Llamemos al «no yo» como «esto». «Esto» no puede ser «yo», ciertamente, y «yo» tampoco puede ser «esto», porque yo puedo mirar, observar «esto». Las estrellas, el sol, la luna, la tierra, los otros planetas, todos ellos son objetos de mi conocimiento. Mi casa, mis padres y las otras personas son objetos de mi conocimiento. Todos ellos están comprendidos en «esto». No son objetos del sentido «yo», son objetos de «mi» sentido. El Vedānta dice que el mundo que ves es un *kṣetra*, un campo de experiencia: es «esto», «no yo». Tu cuerpo también es «esto».

Parece que el sentido «yo» permanece en el cuerpo físico. El «yo» se identifica con el cuerpo, lo que significa que los atributos del cuerpo son la persona. Yo soy alto, gordo, oscuro o blanco. Si el cuerpo está deficiente en algunos aspectos, tratamos de compensar la falta. De hecho, lo hacemos todos los días. Así como nos esforzamos mucho para mantener nuestro automóvil, gastamos mucho tiempo, dinero y esfuerzo en mantenernos en forma, física y mentalmente. Una vez que tomamos el cuerpo como nosotros, sufrimos sus limitaciones, y son infinitas.

El Vedānta, sin embargo, considera el cuerpo como una parte del mundo. Esto no es difícil de entender porque aquello que ves es diferente de ti.

Ves un árbol: es diferente de ti. Lo mismo ocurre con tu cuerpo físico. Si no ves tu cuerpo, si no lo conoces, no será un objeto de tu conocimiento. Además, no podrías usar tu cuerpo. El hecho de que utilices tu cuerpo demuestra que lo conoces. Eres dolorosamente consciente de tus diversas dolencias. Nadie más puede conocer tu dolor, ni siquiera tu médico.

Si puedes conocer tu cuerpo físico y sus condiciones, ¿quién eres? No puede señalar a tu cuerpo como tú, ya que estás mirando el cuerpo. Además, no solo estás mirando a tu cuerpo, también miras otros cuerpos. Si eres capaz de mirar mi cuerpo, desde mi punto de vista, puedo mirar a su cuerpo. Tu mundo incluye mi cuerpo y el mío incluye el tuyo. Sin embargo, ambos excluimos nuestros cuerpos respectivos del mundo. Esto es algo que solo un ser humano puede lograr. Cada uno de nosotros mira su propio cuerpo como un objeto. A pesar de eso seguimos diciendo: "Este soy yo". Es verdaderamente una gran maravilla, el misterio de la humanidad.

Estás íntimamente conectado con tu cuerpo. Es similar a tu identificación de tu casa o tu familia como tuyas. Hay muchas casas y señalas a una casa en particular: "Esta es mi casa". Hay muchas personas y señalas a una: "Este es mi padre". Hay muchos cuerpos y señalas a uno: "Este es mi cuerpo". Tienes una relación especial con tu cuerpo. El Vedānta indaga la verdad sobre esta relación.

El Vedānta te pide que des un paso más en tu indagación. Es cierto que tienes una relación especial con tu cuerpo. Sin embargo, cuando señalas a una persona como "mi padre", él no es tú. Del mismo modo, cuando señalas a tu cuerpo como "mi cuerpo", no se convierte en tú. Puede extender la lógica a tu mente y sentidos. No puedes decir: "Yo soy el sentido", o "Yo soy la mente". Incluso cuando dices: "Yo soy ciego", no eres ciego a tu ceguera.

Con respecto a la mente, también está sujeta a mi objetivación. Si un pensamiento dado fuera «yo», debería estar desapareciendo a cada momento, ya que esa es la naturaleza del pensamiento. Como los pensamientos se van, también yo. La verdad es, sin embargo, yo soy alguien que es consciente de su mente. Puedo observar a mi mente. Es esta conciencia la que me hace recurrir a un terapeuta para ayudarme a analizar y entender mi pensamiento, mis problemas. Cuando estoy agitado, no puedo pensar con claridad. Consulto a un terapeuta que se supone que sabe. Puesto que soy consciente del estado de mi mente y otra persona puede entender cómo trabaja mi mente, a partir de mi comportamiento y demás, la mente es un objeto. No puedo decir que soy la mente.

Yo no soy ni el cuerpo ni la mente. Significa que tampoco soy el recuerdo. Mi imagen de mi mismo, mi juicio de mi mismo está basado en la memoria, lo que significa que yo existía antes de la memoria. La memoria es algo que no puedo borrar deliberadamente: es indeleble. Es una facultad, un *software* que me ayuda a llevar la vida adelante; al mismo tiempo, también es la base de mi juicio de mi mismo. Sin memoria, no puedo decir que estoy triste, estoy herido o soy culpable. De hecho, recuerdo cada herida y cada dolor muy claramente a menos que esté enterrado en mi inconsciente. A menudo, parece como si estos fueran muy queridos para mí y yo fuera reacio a renunciar a ellos. La persistencia de la memoria es alimentada por el dolor más que por cualquier otra emoción. Todo esto demuestra que la memoria se recoge en el tiempo y que yo soy consciente de la memoria. Puedo recordar la memoria, lo que significa que puedo observar mi memoria. Sin embargo, no soy la memoria.

En términos de conocimiento, no puedo decir que soy conocimiento o soy ignorancia. Soy muy consciente de lo que sé, lo que no sé o lo que sé vagamente. Yo tampoco soy mi emoción. La pregunta ahora es: "¿Quién soy?" No es especulación: es una indagación. Si no soy ni el cuerpo, ni la mente, ni los sentidos, ni las emociones, ni los recuerdos, ¿quién soy? La respuesta a esta pregunta implica algo que es diferente a todo lo demás.

Todo lo que conozco o no conozco es un objeto de conocimiento, de conciencia. El espacio es un objeto de conciencia, como lo son el tiempo, el cuerpo, los ojos, el hecho de que los ojos pueden ver, las emociones, el cielo si hay uno y así sucesivamente. Cuando te veo, te oigo o te toco, eres un objeto de conciencia. Cuando toco mi cuerpo, es un objeto de conciencia. Cuando veo mi mente, las emociones, los pensamientos, todos ellos son objetos de conciencia. Es a través de la mente que me enfrento al mundo. Solo soy consciente de las cosas que ocurren en mi mente. El mundo tiene que pasar por mi mente.

Si tomamos a la conciencia, ¿hay algo similar a la conciencia en el mundo? No. La conciencia es solo una. Así como el cielo es el cielo, el espacio es el espacio, el tiempo es el tiempo, la conciencia es la conciencia. Todo lo demás es un objeto de conciencia.

En cada percepción está involucrada la conciencia, así como también los objetos y el pensamiento correspondiente. Ahora, ¿dónde ubicarás el «yo»? No puede ser el pensamiento o el objeto del pensamiento. «Yo» no es ni el pensamiento que objetiviza, ni los sentidos que me ayudan a objetivizar ni la mente. Solo queda una cosa que puede ser entendida como «yo» y eso es la conciencia.

La conciencia es diferente a todo lo demás, mientras que todo lo demás es «no yo». Podemos entender esto claramente si observamos el lenguaje. Si tomamos los pronombres, tenemos él, ella, ello, tú y yo. El pronombre «tú» puede ser usado en muchos lugares. De hecho, el mundo es «tú». Del mismo modo, puede utilizar «ello» a cualquier cantidad de cosas. Cuando se trata de «yo», ¿dónde podemos usar el pronombre «yo»? Se puede utilizar solo en un lugar, que es «yo». ¿Qué es ese «yo»? Es la conciencia. La conciencia puede ser el único significado de «yo».

Una vez que decimos que la conciencia es «yo», ya no puedo ser ignorante. Mi conclusión anterior de que soy ignorante estaba equivocada. Yo soy conciencia, por medio de la cual soy consciente del conocimiento y de la ignorancia. Ya no soy un mortal porque soy conciencia, por medio de la cual soy consciente del tiempo. Puedo resolver el tiempo en mí mismo. La naturaleza de la conciencia parece ser el contenido mismo del tiempo. El contenido del tiempo es "ahora". En otras palabras, cuando se desarrolló, el pasado fue el presente. El presente es, por supuesto, el presente. El futuro estará presente cuando se desarrolle. ¿Cuál es la longitud del bloque actual de tiempo? Cualquier período de tiempo está sujeto a ser dividido. Si dices que un año es el presente, tiene doce meses. Cada mes tiene muchos días. Cada día tiene veinticuatro horas. Cada hora tiene sesenta minutos y cada minuto tiene sesenta segundos. Con las consiguientes divisiones, microsegundos, picosegundos y más, el presente se resuelve en conciencia. Entonces, ¿cuál es el presente? El presente es sin una longitud de tiempo. Si la palabra "eterna" tiene que tener un significado, es solo el presente, ya que lo eterno no tiene duración temporal. El concepto de tiempo es un objeto de conciencia. Incluso la duración matemática del tiempo es un objeto. El presente no es un objeto de conciencia: es la conciencia.

Dado que «yo» es conciencia, el tiempo es conciencia, entonces, ¿tengo «yo» una ubicación? Tu cuerpo se encuentra en el espacio en este planeta. ¿Dónde se encuentra la conciencia? Tanto el tiempo como el espacio se ubican en la conciencia. El sistema solar existe en el espacio. Nuestro planeta está dentro del sistema solar. Nuestro continente, país, estado, ciudad, calle, casa, piso, habitación y nuestro cuerpo están en el espacio. Este espacio está situado en tu conciencia. La conciencia no está en el espacio ni lo trasciende. De hecho, nada está fuera de la conciencia: la conciencia lo trasciende todo.

La conciencia no está limitada espacial ni temporalmente: es ilimitada. En otras palabras, es entera, es plenitud. Tú experimentas esta plenitud cada vez que estás feliz. También podríamos decir que eres feliz cada vez que experimentas esta plenitud. No implica la eliminación del mundo, de la acción, del pensamiento, etc. Significa que puedes hacer todo felizmente, hablando, comiendo e incluso casándote. Puedes ser un padre feliz, un profesor feliz, una persona cualquiera feliz.

Puesto que soy conciencia, el todo, todo está dentro del ámbito de esta conciencia. Significa que soy ilimitado, soy libre. ¿Dónde queda esta cuestión de la impotencia? Entonces, esto es Vedānta. Ya sea antiguo, moderno o postmoderno, la relevancia del Vedānta es incuestionable. Con la comprensión del «yo», puedo observar las situaciones tal como son. Puedo disfrutar de esa tranquilidad interior para ser objetivo. El mundo se convierte en un lujo y puedo relajarme en sus experiencias. Ya no soy impotente, porque ya soy pleno y completo.

Por otro lado, si esto no es comprendido a fondo, el Vedānta te ayuda a un nivel relativo. ¿Cuál es esa actitud relativa? Si yo soy conciencia, el todo, entonces observo que no hay nada fuera de esta conciencia, incluyendo al mundo. Cuando observo la misma conciencia con referencia a la creación, la llamo Dios. Dios no es alguien ubicado en el cielo. No puede estar en el cielo y crear este mundo. Este concepto de "Dios en el cielo" es infantil, una extensión del concepto infantil de los padres infalibles. Tenemos que comprender bien estos conceptos, de lo contrario, crean más problemas de los que resuelven.

Veamos el concepto "Dios en el cielo". Con respecto a la creación, él es el creador, omnisciente y todopoderoso. ¿Cómo Dios Todopoderoso creó este mundo, con qué? El material no podría haber existido antes de la creación, eso es absurdo. Aquí, el Vedānta proporciona una respuesta que es inteligible y racional: Dios es tanto el creador como el material. En consecuencia, la creación y todo lo que hay en ella, tiempo, espacio, etc., no está separada de Dios. Además, la creación no puede estar separada del material, aunque el material puede estar sin la creación.

En el nivel relativo, la conciencia de Dios como creador y material de la creación es la misma conciencia que es «yo». En otras palabras, con respecto al complejo cuerpo-mente-sentidos, yo soy un individuo con un cuerpo y una mente distintivos. Cuando nos referimos al total, toda la creación es el cuerpo del Señor. En el nivel de la conciencia, no hay diferencia. Si no entiendo esa conciencia como «yo» en el nivel relativo, como individuo estoy impotente.

Ante la impotencia, mi mejor recurso es la oración. Puede ser una oración mental u oral. La oración, que es una acción, me da fuerzas para manejar situaciones difíciles. La oración también crea fuerzas que pueden contrarrestar algunos de los factores negativos ocultos en nuestra vida. Sin embargo, si estamos buscando una solución permanente a nuestros muchos problemas, el Vedānta es la respuesta. Todo lo demás es, en el mejor de los casos, un paliativo.

El Vedānta nos ayuda a ver el mundo y a nosotros mismos en la perspectiva apropiada. La vida de hoy está plagada de competencia y estrés. Este estilo de vida tan competitivo trae destrucción emocional, ecológica y más. En consecuencia, esta actitud se refleja en los latiguillos populares como "cada uno a lo suyo" o "ganar lo es todo" o "salir a matar". Para dar lo mejor, sin estrés ni ansiedad, se requiere un cambio de actitud y valores. La oración ayuda en un nivel, pero el Vedānta proporciona la solución total, el espacio interior donde puedes relajarte. Estás a salvo, seguro y no limitado por el tiempo. Incluso un pequeño entendimiento te libera del estrés.

El Vedānta eres tú. Cuando entiendes, tú eres Vedānta. Es solo una frase sencilla, *"tat tvam asi"*, "tú eres eso". No es monismo, no es uno. Uno es un número finito que puede ser dividido o sumado. Además, uno no tiene un valor definido, porque uno es un miembro de un conjunto. Por ejemplo, existe un universo pero muchas galaxias. Existe una galaxia pero muchos sistemas. Un sistema tiene muchos planetas. Un cuerpo tiene muchas células. Una mano tiene cinco dedos. ¿Qué es uno? Es un miembro de un conjunto. Si es un conjunto, no puedes decir que eres la conciencia ilimitada. El Vedānta no dice ātman, «yo» es uno, dice que ātman es el único. Significa que es no dual, es uno no seguido por dos. Si digo que no es dos, puedes decir que es tres, por lo tanto, decimos que es uno. Necesitamos superar las limitaciones de las palabras y hacerlas trabajar para comunicar la visión. Esta es la belleza del Vedānta.

El Vedānta eres tú solo cuando es bien comunicado, de lo contrario se convierte en una filosofía, una especulación. Se convierte en mera verborragia. Si digo que el ser es eterno, inmortal, supremo, dicha y demás, es una cadena de palabras sin sentido. No hace que el oyente sea más sabio. El Vedānta tiene que ser manejado por un maestro, un *guru*. Hay un método tradicional para revelar la visión. Sin esta metodología, el Vedānta desaparece en *Devānta*, palabras vacías. La enseñanza moderna habla de experiencias, mientras que el Vedānta revela la verdad de todas las experiencias, la realidad de la experiencia. La verdad no es una experiencia: es comprender la experiencia.

A nivel relativo, para comprender la verdad, entendamos la realidad de una camisa, ontológicamente. ¿Qué tan real es una camisa? Puedes llamarla una camisa, yo digo que es tela, algodón, seda u otra. Vamos un paso más allá. Tenemos una camisa de tela. ¿Dónde está la camisa? No está afuera o adentro de la tela. La camisa tampoco está en la tela. La camisa es solamente tela. ¿Cuál es la realidad de la camisa? La pobre camisa no tiene realidad propia: depende de una tela. La tela, a su vez, depende del hilo. El hilo depende de las fibras, las fibras de las moléculas y las moléculas de las partículas. Una vez que se alcanza el nivel de partículas, no hay línea divisoria entre el observador y la partícula. Las partículas dependen de tu comprensión, y tu comprensión depende de la conciencia, la percepción.

Por lo tanto, ¿qué es la camisa? La camisa es conciencia. Lo que es cierto de la camisa es cierto con referencia a todo. Es puramente una comprensión. La realidad es comprender. No hay realidad más allá de la comprensión. Cuando comprendemos la realidad, hay libertad de la impotencia.

Oṁ tat sat.

Libros por Swami Dayananda Saraswati en español

1. Todo sobre *sādhana*
2. El valor de los valores
3. *Tattvabodhaḥ* El conocimiento de la realidad

Colección "Momentos con uno mismo"

4. Acción y reacción
5. Libertad del desamparo

Libros por Swami Dayananda Saraswati en español
Distribuidos en América Latina, España y
globalmente por

Fundación Arsha Vidya - Buenos Aires, Argentina
Tel: (005411) 4826-5767
Email: fundacionarshavidya@gmail.com
Sitio web: www.arshavidya.org.ar

También disponibles en:

ARGENTINA
Librería Devas
Corrientes 1752 C.A.B.A.
Tel: 5237-0916/17

Sabores y secretos de la India
Ciudad de la Paz 1739 C.A.B.A.
Tel: 4783-3424

EN EL EXTERIOR
ARSHA VIDYA GURUKULAM
P.O.Box 1059
Saylorsburg
PA 18353, USA
Tel: 001-570-992-2339
http://books.arshavidya.org
Cliquee en "Arsha Vidya Books"
En "Keyword Search" ponga el
título del libro.
Envíe preguntas a Prasanna:
avpbooks@epix.net

Books by Swami Dayananda Saraswati in English
Distributed in India & worldwide by

Motilal Banarsidass - New Delhi

Tel: 011 - 2385 8335 / 2385 1985 / 2385 2747

Also available at:

ARSHA VIDYA RESEARCH
AND PUBLICATION TRUST
32/4 Sir Desika Road
Mylapore Chennai 600 004
Telefax : 044 - 2499 7131
Email : avrandpc@gmail.com
Website : www.avrpt.com

ARSHA VIDYA GURUKULAM
Anaikatti P.O.
Coimbatore 641 108
Ph   : 0422 - 2657001
Fax   : 0422 - 2657002
Email   : office@arshavidya.in
Website: www.arshavidya.in

ARSHA VIDYA GURUKULAM
P.O.Box 1059. Pennsylvania
PA 18353, USA.
Ph   : 001-570-992-2339
Email   : avp@epix.net
Website: www.arshavidya.org

SWAMI DAYANANDA ASHRAM
Purani Jhadi, P.B. No. 30
Rishikesh, Uttaranchal 249 201
Telefax : 0135-2430769
Email: ashrambookstore@yahoo.com
Website: www.dayananda.org

AND IN ALL THE LEADING BOOK STORES, INDIA

www.ingramcontent.com/pod-product-compliance
Lightning Source LLC
Chambersburg PA
CBHW060913130726
48001CB00006B/2214